AF588812

DÉVOUEMENT

DIGNE DE RÉCOMPENSE.

DÉVOUEMENT

DIGNE DE RÉCOMPENSE,

OU CE QU'A FAIT

UNE FRANÇAISE

PENDANT L'INVASION ÉTRANGÈRE.

PARIS.

CHEZ L'AUTEUR, RUE DU CROISSANT, N° 12.

BAUDOUIN FILS, IMPRIMEUR-LIBRAIRE,
RUE DE VAUGIRARD, N° 36.

1821.

DÉVOUEMENT

DIGNE DE RÉCOMPENSE.

En novembre 1813, je quittai Paris, où je venais d'éprouver une grande perte. Je fixai ma résidence au grand Rosoy, département de l'Aisne : je n'étais pas riche; mais avec le peu qui me restait, en le faisant valoir, je pouvais vivre paisible et à l'abri du besoin. Je pris ma demeure dans une chaumière attenante à un moulin. Hélas! je n'y fus pas long-temps tranquille; le passage des troupes françaises qui se retiraient dans l'intérieur, annonçait l'invasion du territoire par les troupes étrangères. L'espoir d'être utile me fit prendre la résolution de ne point quitter le village; un entier oubli de moi-même, et le désir d'épargner des maux à mes semblables, me donnèrent un courage presque surnaturel, qui me faisait tout oser. Le jour, la nuit, j'allais partout où ma présence pouvait soulager des malheureux; et quand il s'agissait du danger de quelqu'un, je ne pensais nullement à ce qui pouvait m'arriver : je n'avais qu'une seule crainte, contre laquelle j'étais en garde. Je m'étais munie d'une arme pour me mettre à l'abri de la brutalité des soldats étrangers; mais j'ai eu le bonheur de ne pas être forcée de m'en servir; et j'ai réussi, au gré de mes désirs, à rendre quelques services aux habitans, comme on le verra dans ce qui suit.

Le premier succès que j'obtins redoubla mon courage.

Le 13 février 1814, un parti assez nombreux de cosaques passa par Oulchy et Rosoy; ils y firent beaucoup de mal : les habitans ne s'étaient pas sauvés; on leur avait dit qu'ils pouvaient être tranquilles, qu'il ne leur arriverait rien ; ils furent cependant battus et pillés. Au second passage, ils ne furent pas aussi crédules, ils cachèrent ce qu'ils avaient de plus précieux, et emmenèrent dans les bois leurs bestiaux. Je ne voulus pas quitter la chaumière où j'étais, malgré les sollicitations qui me furent faites : ma sœur suivit mon exemple, et se décida à rester avec moi; nous nous abandonnâmes à la providence, et nous laissâmes à Dieu le soin de notre conservation.

J'eus le bonheur d'avoir assez de courage pour pouvoir rendre quelques services aux habitans : ils amenèrent près de moi des femmes malades et des enfans; des vieillards s'y réfugièrent aussi, lorsqu'ils apprirent que j'allais trouver les chefs des armées, pour leur demander des sauve-gardes, moyennant cinq francs par jour; par ce moyen, nous étions tous tranquilles, parce que le sauve-garde, qui était un sous-officier, imposait aux soldats qui venaient pour piller. Lorsque les habitans apprirent que l'on était en sûreté dans la maison que j'habitais, ils accoururent en foule; la grange et les greniers furent bientôt pleins : je veillais autant que possible, pour qu'il ne survînt aucun accident. Lorsqu'il arrivait des colonnes de troupes, j'allais prier les chefs de ménager la commune; ils me répondaient qu'ils le voulaient bien, mais qu'il fallait leur fournir ce dont ils avaient besoin. Le jour on faisait de la farine, et la nuit on faisait du pain; j'en donnais à ceux qui en demandaient, parce que je croyais qu'ils avaient faim : un vieux proverbe dit que ventre affamé n'a pas d'oreilles; et j'avais besoin qu'ils en eussent, pour qu'ils entendissent mes plaintes en faveur des malheureux; je fus assez heureuse pour y parvenir.

Au troisième passage, une colonne entra dans Rosoy ; ils y surprirent quelques femmes qui allaient devenir les victimes de leur brutalité, lorsqu'à leurs cris je fus à leur secours; et en menaçant les soldats d'aller chercher un officier, ils finirent par les laisser.

Le jour que l'armée du maréchal duc de Raguse s'est battue sur la montagne Chalmont, près de Rosoy, je fus sur le champ de bataille pour pouvoir porter secours aux blessés : il en vint deux, l'un blessé à la jambe, l'autre au bras; je fus obligée de les cacher, parce que le village était plein de troupes étrangères. En sortant de l'endroit où je les avais mis, un détachement de cosaques vint à moi, le pistolet à la main, me demandant s'il n'y avait pas de Français; je leur dis un non mal assuré, car je tremblais qu'ils n'eussent aperçu les deux que je venais de cacher : l'un était de Colommier, et l'autre de l'Auvergne. Celui-ci me dit qu'il avait un oncle courrier à la poste aux lettres à Paris : je les ai soignés pendant plusieurs jours du mieux que j'ai pu, jusqu'à ce qu'ils fussent en état de partir.

Dans un autre passage, à huit heures du soir, j'entendis des cris horribles ; ils rentissent encore à mes oreilles. Deux soldats tenaient une femme le sabre nu sur la gorge ; je courus à elle ; l'un d'eux quitta la femme, et vint à moi le sabre levé ; je lui déclarai qu'il allait être puni. En même temps, j'appelai le sauve-garde qui n'était pas éloigné, et j'eus le bonheur de sauver cette malheureuse femme. (Elle se nomme la femme Brulé.)

Le lendemain arriva une autre colonne, je ne sais de quelle partie de la Russie : les soldats faisaient beaucoup de cérémonies au soleil levant; leur physique était épouvantable ; je ne pus obtenir de sauve-garde ; ils ne comprenaient pas ce que je leur demandais. Il en vint plusieurs à la maison ; ils firent sortir tout le monde, pour pouvoir fouiller et piller à leur aise. Deux d'entre eux aperçurent deux jeunes filles que j'avais cachées ; ils voulurent s'en emparer, je m'y opposai pour les arrêter, et laisser le temps aux jeunes filles de se sauver : nous faillîmes, ma sœur et moi, en être les victimes. Ils nous passèrent des longes de cuir au cou pour nous étrangler ; je les regardais fixement et avec calme, je leur montrais le ciel ! Ils marmottèrent quelques mots que je ne compris pas; au même instant il arriva une autre bande, et je me dégageai de leurs mains, tandis que ma sœur s'échappait des mains de l'autre. Ce détachement nous enleva plus de cent bichets d'avoine.

Un des habitans était resté dans son lit, malade, et sa femme auprès de lui; elle fut si cruellement maltraitée, qu'elle prit le parti d'entraîner son mari hors de sa maison, dans l'intention d'aller se cacher dans les bois; mais ils n'eurent pas fait deux cents pas, qu'ils se trouvèrent arrêtés par des soldats qui, non contens de les fouiller et de leur enlever le peu de provision qu'ils avaient avec eux, les frappèrent avec brutalité. Cette femme appela à son secours; comme il y avait très-peu de distance, je m'y rendis de suite, je leur fis rendre ce qu'on leur avait enlevé, et nous portâmes le mari dans la chaumière, où il fut beaucoup plus tranquille et mieux soigné.

Un événement inattendu pouvait produire les plus terribles conséquences. Un régiment prussien, qui était en éclaireur, trouva, dans la petite rivière qui passe à Berny, quelques cadavres de soldats morts de leur nation. Poussés par un sentiment de vengeance, ils mirent le feu à Berny; douze à quinze maisons furent la proie des flammes. Oulchy était menacé du même sort; le Grand-Rosoy ne l'eût pas évité, car l'ordre avait été donné de saccager et de brûler la contrée. J'appris cet affreux événement lorsque j'allais, comme les jours précédens, prier les chefs de me donner un sauf-garde. Un petit garçon de dix à douze ans, qui se sauvait, me dit en passant près de moi, que les cosaques allaient brûler Oulchy; je me mis à courir de toutes mes forces, et je fus assez heureuse pour arriver avant l'exécution; je me lançai au milieu de cette soldatesque furieuse, avide de sang et de butin, qui ne voulait rien entendre : un instant, j'ai cru ma dernière heure arrivée; mais Dieu ne le permit pas. Un jeune officier vint à moi, et me demanda en français ce que je voulais? Parler au chef, lui répondis-je; et en même temps je lui présentai un papier qui m'avait été donné pour ma sûreté par le commandant des dragons de la Lithuanie, en reconnaissance des soins que j'avais pris des soldats malades de sa nation, et des services que j'avais rendus en fournissant du pain à une partie de sa troupe qui en manquait : ce papier portait en substance l'invitation à tous les chefs de corps de me protéger. C'est donc à ce papier que Oulchy doit son existence.

Les chefs, frappés de mon dévouement, rétractèrent l'ordre incendiaire.

C'est ainsi qu'au péril de ma vie, et aux dépens de mes intérêts, je sauvai deux communes d'une destruction certaine.

Ce n'était pas par amour pour les ennemis de mon pays que je leur rendais des services, mais pour tâcher d'empêcher le mal qu'ils auraient pu faire.

Dans les différens passages, des colonnes entières ont bivouaqué dans Rosoy et dans les enclos ; ils prenaient chez les habitans tout ce qui leur convenait pour leurs cuisines, tels que seaux, marmites, poëles, chaudrons, etc., etc., même la vaisselle, jusqu'à des tiroirs de commodes, dans lesquels ils faisaient manger leurs chevaux ; en un mot, tout fut porté au bivouac. Lorsque j'allai prier les chefs pour que tous ces ustensiles fussent rendus à qui ils appartenaient, ils me répondirent que, par les droits de la guerre, cela appartenait à leurs troupes ; mais, que comme j'étais une bonne et courageuse femme, qui me comportais bien, ils me donnaient tout, que je n'avais qu'à faire emporter chez moi, aussitôt qu'ils seraient partis. J'avertis les habitans pour qu'ils vinssent reconnaître ce qui était à eux.

Le lundi-saint, une forte colonne de troupes russes passa sur la route ; je crus qu'elle allait entrer dans Rosoy, et, comme les jours précédens, je fus pour demander un sauf-garde.

J'étais à environ une portée de fusil d'eux, lorsque je m'aperçus que deux militaires sans armes, avec l'uniforme français, couraient à travers champs pour gagner le bois de Rosoy. Les Russes, qui les avaient laissé échapper, tirèrent dessus; ils n'étaient pas à trente pas de moi, j'en vis tomber un dans un fossé, l'autre, plus heureux, entra dans le bois. Je me hâtai de porter des secours au malheureux; au même instant j'entendis des coups de fusils et les balles siffler ; une voix me criait : « Sauvez-vous, ils reviennent. » Je n'avais qu'un pas à faire, j'entrai dans le bois ; je courus : quand je crus être hors de leur portée, je tournai la tête, je ne vis plus rien. Quelques pas plus loin, je vis un soldat français, celui qui s'était sauvé : il me dit que cette colonne conduisait plus de six cents prisonniers français que les Russes maltraitaient cruellement, et qu'ils mouraient de faim ainsi que lui ; je le menai avec moi, et lui donnai du pain, c'était tout ce que j'avais. Il se cacha deux jours pour se reposer, puis il me dit qu'il ferait son possible pour rejoindre Paris, d'où il était ; il changea ses habits militaires en ceux de paysan, dans l'espérance de se rendre chez ses père et mère : je crois qu'il a réussi.

En rentrant dans le village, je dis à un des habitans que je connaissais plus hardi que les autres, d'aller à l'endroit que je lui indiquai, qu'il y trouverait un soldat français ; que s'il n'était que blessé, il fît son possible pour le ramener chez moi, où il serait pansé et soigné : il vint me dire qu'il l'avait trouvé mort, et qu'il paraissait avoir été achevé à coups de baïonnettes ; je le priai d'aller l'enterrer, ce qu'il fit, car il me rapporta ses habits. Tant que dura ce passage, jamais mon cœur ne fut plus sensiblement affecté.

Quatre à cinq jours après, cette colonne repassa par le même chemin, et sept à huit pillards descendirent dans le village : l'un d'eux vint prendre un cheval près de l'endroit où j'étais ; je m'en aperçus assez tôt pour pouvoir le lui reprendre ; il ne fit pas grande résistance, il était seul; mais ne se sentant pas assez fort, il fut chercher quatre de ses camarades : ces cinq brigands se disposaient à me faire payer bien cher ma témérité ; j'avoue qu'au fond de mon ame, je croyais voir ma fin. Celui à qui j'avais repris le cheval, me donna un coup dans la poitrine avec le manche de son fouet; un autre tenait son sabre levé sur ma tête ; j'étais heureusement près de la porte, il n'y avait qu'un coup d'audace qui pût me sauver; je ne perdis pas de temps, je me jetai sur lui, je le fis chanceler, et cela me donna assez de passage pour fuir.

Je m'esquivai, le cœur navré, l'ame indignée; je pris le chemin d'Oulchy, où l'autre colonne faisait halte. Des officiers me poursuivirent, vinrent à moi me demander ce que je voulais ; je leur racontai ce qui venait de m'arriver : ils me dirent d'attendre un moment, et que le général allait arriver. Effectivement, au bout de cinq minutes il arriva, et les officiers lui parlèrent; il sauta à bas de sa voiture, et me demanda si je reconnaîtrais l'homme qui m'avait volée et maltraitée. Sur ma réponse, il dit à un officier de me mener dans tout le camp : je ne retrouvai point le soldat, il avait pris le devant. Mon conducteur me proposa de venir jusqu'au premier village, que le cheval ou un autre me serait rendu, et que l'on me donnerait un homme pour me ramener; que je pouvais venir en toute sûreté : j'étais si fatiguée, et je souffrais tellement du coup que j'avais reçu, que je le remerciai.

Je repris le chemin de Rosoy; on m'avait donné un sauf-garde, parce qu'il y avait beaucoup de traînards sur la route.

En traversant Oulchy, je fus saisie d'effroi en apercevant le hideux spectacle qui se présentait à mes yeux : à chaque pas que je faisais, de nouveaux désastres étonnaient mes regards consternés; partout des arbres coupés, les toits des chaumières, les portes, les fenêtres arrachées, brisées, les débris des instrumens aratoires, des meubles rustiques, de la vaisselle, semés çà et là, du linge déchiré, des lambeaux d'étoffe, une grande quantité de bouteilles, dont le gouleau avait été cassé à coups de sabre; des chevaux morts, signes infaillibles des nombreux bivouacs qu'il y avait eu.

Lorsque j'eus le bonheur de préserver Oulchy et Rosoy des malheurs dont ils étaient menacés, contente de mon succès, après les peines et les dangers extrêmes que j'avais essuyés, ne m'étant, jusqu'alors, occupée que de l'intérêt des autres, j'avais entièrement abandonné les miens; je ne demandais pas même le remboursement de ce que j'avais fourni, et n'eus jamais la pensée de tirer le moindre avantage de ce que j'avais fait pour mes concitoyens. Je n'étais pas riche, mais j'étais loin de m'attendre à être un jour obligée de revenir sur cette circonstance, et de rappeler les sacrifices que j'ai faits. Réduite, par suite d'une banqueroute qui m'a enlevé le peu qui me restait, je demandai au maire de la commune d'Oulchy la place d'économe de l'hôpital, qui se trouvait vacante, *on me la refusa*. J'en fus indignée : je dis au maire qu'une pareille ingratitude était sans exemple, et que si Oulchy et son hôpital existaient encore, ce n'était qu'à moi qu'on le devait.

L'ingratitude de M. le maire ne se borna pas au refus de la place : je lui écrivis avec toute la franchise qui me caractérise, pour qu'il eût la complaisance de se joindre à M. le maire du Grand-Rosoy, à l'effet de me faire passer un certificat de la conduite que j'avais tenue dans le temps. M. le maire d'Oulchy ne daigna pas me répondre ; il s'est plaint de l'inconvenance de ma lettre ; il ne s'est pas borné à ces deux refus, et il a osé dire qu'il ne croyait pas que les troupes étrangères ayent voulu brûler sa commune.

Il a nié l'évidence, contre l'attestation de M. le maire de Rosoy et des principaux habitans.

M. le sous-préfet de Soissons a été induit en erreur, et par suite, M. le préfet et le conseil général ; par qui ? par des personnes qui n'ont pas été témoins des ravages affreux qui s'étaient commis, puisque la peur leur avait fait abandonner leurs foyers et leurs compatriotes, pour se retirer en lieu de sûreté.

Après quelques observations que je me suis permis de faire à M. le sous-préfet, il me dit qu'il ne savait pas s'il y avait des fonds dans la caisse des indigens. J'en fus indignée : je lui répondis assez vivement, que je ne lui demandais pas l'aumône ; et je le quittai.

Je fus trouver M. le préfet, qui me dit que j'avais tardé bien long-temps (comme s'il y avait prescription pour un cas de cette nature) ; il ajouta qu'il ferait tout ce qu'il dépendrait de lui, auprès du conseil-général. Ces Messieurs ont pensé qu'il y avait trop long-temps pour qu'on s'en rappelât, et que, puisque je m'étais adressée au Gouvernement, je pouvais m'y adresser encore. Ce sont mots pour mots les réponses qui me furent faites verbalement.

J'ai bravé la mort dans les camps ennemis pour sauver mes semblables ; j'ai fait ce que les agens de l'autorité auraient dû faire ; mais trop lâches, ils ont pris la fuite à l'approche de l'ennemi ; ce n'était pas à des hommes qui avaient quitté le poste qui leur avait été confié, que l'autorité du département devait demander des renseignemens sur ce qui s'était passé dans des lieux qu'ils avaient entièrement abandonnés.

Si de nouveaux malheurs ne m'eussent point accablée, je n'aurais jamais pensé à faire valoir les services que j'ai rendus. Je gémis de cette nécessité ; le témoignage satisfaisant de la conscience est la première et la plus douce récompense d'une bonne action. Assurément, je n'en ambitionnais pas d'autre, lorsque la nécessité la plus impérieuse m'obligea de réclamer des indemnités.

En 1819, ne connaissant pas la marche que je devais suivre, je m'adressai à la députation du département de l'Aisne, qui eut la bonté de faire une demande pour moi au ministre de l'intérieur. Après plusieurs mois d'attente, j'ai reçu un secours, et M. le secrétaire-général jugea convenable de me diriger vers le département de l'Aisne.

En juin 1820, je pris la route de Rosoy, où je reçus de nouvelles attestations du maire et des principaux habitans. Munie de ces papiers et d'une lettre de recommandation de M. le maire de Rosoy, j'allai me présenter à M. le sous-préfet de Soissons, qui me dit qu'effectivement il y avait eu douze à quinze maisons brûlées à Berny, mais qu'il n'était pas sûr que ce fût moi qui eût préservé Oulchy, ni même qu'on eût voulu y mettre le feu. Je dis à M. le sous-préfet qu'on l'avait trompé; que si les attestations que j'avais ne suffisaient pas pour justifier la vérité, la majorité, pour ne pas dire la généralité des habitans de Rosoy l'attesteraient, parce qu'ils n'avaient pas fait comme ceux d'Oulchy.

Je suis bien éloignée de m'énorgueillir des faibles services que j'ai eu le bonheur de rendre à ces deux communes, et je n'en conserve le souvenir que pour faire encore davantage, si malheureusement l'occasion s'en présentait. Je mourrais s'il le fallait pour mon pays, et je serai toujours prête à voler au premier signal, partout où je croirai pouvoir rendre quelques services à mes concitoyens. Si j'ai trouvé des ingrats, j'ai aussi rencontré des ames sensibles et reconnaissantes.

PIÈCES JUSTIFICATIVES.

(*Extrait du Moniteur du 4 avril* 1821.)

La dame Pesché, à Paris, demande qu'il lui soit accordé un traitement quelconque, qui puisse la faire sortir de la cruelle position où elle se trouve réduite. Elle croit avoir mérité cette faveur par le dévouement efficace qu'elle a montré pour sauver, en 1814 et 1815, deux communes de la fureur des ennemis, aux dépens de sa propre vie.

Les pièces, jointes à la pétition, dit M. le rapporteur, constatent de la manière la plus authentique, le dévouement rappelé par son auteur. Le malheur de sa situation actuelle commande le plus vif intérêt. Madame Pesché est d'autant plus digne de cet intérêt, qu'elle n'a rien demandé tant qu'elle n'a pas été, comme elle est aujourd'hui, forcée à une telle démarche, par le plus pressant besoin, ayant été frappée de malheurs imprévus : la Commission croit devoir proposer à la Chambre de renvoyer cette pétition à M. le ministre de l'intérieur.

(La Chambre prononce ce renvoi.)

Département de l'Aisne, arrondissement de Soissons, canton d'Oulchy-le-Château, commune du Grand-Rosoy.

Nous soussignés, habitans de la commune du Grand-Rosoy, certifions à qui il appartiendra que madame Pesché, née Dardennes, demeurant en 1814 dans cette commune, a développé, pendant l'invasion des troupes alliées, en février et mars 1814, un courage et un sang-froid dignes des plus grands éloges;

Qu'elle a rendu aux habitans de cette commune les plus grands services, en leur procurant du pain et tout ce qui pouvait les soulager;

Qu'elle a évité à ladite commune les plus grandes horreurs de la guerre, en allant trouver les chefs des armées alliées à travers les camps, et les adoucissant par ses suppliques, ses promesses, et en faisant en sorte de leur procurer ce qui pouvait leur être agréable;

Que ladite dame Pesché a pris le plus grand soin des soldats malades et blessés; que plusieurs lui doivent la vie.

Certifions aussi qu'il est à notre connaissance que ladite dame Pesché, instruite qu'un régiment prussien ayant appris que des prisonniers de leur nation avaient été massacrés par des habitans d'Oulchy-le-Château, était arrivé audit Oulchy, avec l'ordre de le brûler, et se laissant aller à un dévouement presque sans exemple, n'a pas craint, au péril de sa vie, de se jeter au milieu des soldats, et obtint, à force de prières, que le feu fût suspendu jusqu'à ce qu'elle ait été admise auprès des chefs;

Parvenue jusqu'à ces chefs, elle vint à bout de leur persuader que les assassins de leurs compatriotes n'étaient pas des habitans d'Oulchy-le-Château, et ne craignit pas de prendre sur elle la responsabilité d'un fait qu'elle savait faux.

Lesdits chefs, frappés du généreux dévouement de ladite madame Pesché, rétractèrent l'ordre de l'incendie, et elle eut la gloire d'avoir empêché l'entière destruction d'une commune importante, chef-lieu d'un canton.

En foi de quoi nous avons signé le présent, pour servir et valoir à ce qui de raison.

Au Grand-Rosoy, le 1er juillet 1820.

Signé MANGIN, PÉCHEUX, JARY, TUFFIN, TASSE, CHATEAU, DUCROEG, *adjoint;* PILLE, SANTUS, BOURQUIN, GUIBERT.

Vu, pour légalisation des signatures ci-contre, qui sont celles des principaux habitans de la commune du Grand-Rosoy, par moi, soussigné maire de ladite commune; je certifie, en outre, la vérité des faits énoncés dans le certificat ci-contre, et de l'autre part, et j'invite tous ceux qui sont à inviter, à prendre en grande considération les services rendus à ladite commune et à celle d'Oulchy-le-Château, par madame Pesché.

Fait au Grand-Rosoy, le 2 juillet 1820.

Signé DUJAY.

Vu, pour légalisation de la signature de M. Dujay, maire du Grand-Rosoy, par nous, sous-préfet de Soissons.

Soissons, ce 15 juillet 1820.

Pour le sous-préfet de Soissons, en congé,

Signé L. GUYON.

Département de l'Aisne, arrondissement de Soissons, canton d'Oulchy-le-Château, mairie du Grand-Rosoy.

Je soussigné, maire de la commune du Grand-Rosoy, membre du conseil d'arrondissement de Soissons, certifie, à qui il appartiendra, que madame Pesché, née Dardennes, domiciliée en 1814 dans la commune dudit Rosoy, a rendu, lors de l'occupation de ladite commune par les troupes alliées, dans les mois de février, mars et avril 1814, les plus grands services à tous les habitans de ladite commune, et notamment aux malheureux qu'elle a préservés de la faim et du froid en les recevant dans la maison qu'elle occupait; qu'elle a empêché ladite commune, du moins en partie, ladite commune d'éprouver toutes les horreurs de la guerre, en n'hésitant pas d'aller à travers les camps trouver les chefs desdites troupes, et en se les rendant favorables, en leur fournissant tout ce qui pouvait leur être agréable;

Qu'elle a soigné avec beaucoup de dévouement tous les militaires malades ou blessés;

Que ladite dame Pesché, instruite qu'un chef prussien, après s'être assuré que quatre soldats prussiens avaient été tués par des habitans d'Oulchy-le-Château, avait ordonné de piller et incendier le bourg d'Oulchy-le-Château, n'a pas craint de se précipiter au milieu d'un régiment de hussards, prêt à exécuter cet ordre, et a obtenu des officiers et soldats, à force de prières et de représentations, que l'exécution serait suspendue jusqu'à ce qu'elle ait parlé aux chefs; qu'admise en leur présence, elle a eu le courage de nier que l'assassinat des prisonniers vînt de la part des habitans dudit Oulchy, et de les prier de rétracter leur ordre; que ces chefs militaires, frappés d'étonnement et d'admiration du dévouement de ladite dame Pesché, incertains de la vérité, ont consenti à rétracter l'ordre du pillage et de l'incendie dudit Oulchy, à condition qu'elle répondrait sur sa tête de l'innocence des habitans d'Oulchy; que ladite dame Pesché, sachant qu'elle avançait un fait faux, ne balança pas, au péril de sa vie, de se charger d'une telle responsabilité, affirma par serment que les habitans d'Oulchy n'avaient eu aucune part au massacre des prisonniers prussiens, et sauva par son courage cette commune importante, chef-lieu de canton, et l'arracha à une entière destruction.

Ledit maire prie les autorités qui sont à prier de vouloir bien récompenser madame Pesché, dont l'intrépidité et le dévouement, au-dessus de tout éloge, ont conservé à la France une commune importante, et préservé ses habitans des horreurs du pillage.

Délivré pour servir et valoir à ce que de raison.

Au Grand-Rosoy, le 24 mars 1820.

Signé DUJAY.

Vu, pour légalisation de la signature de M. Dujay, maire

de la commune du Grand-Rosoy, par nous, sous-préfet de l'arrondissement de Soissons, le 13 avril 1820.

Signé DENIS DE SENNEVILLE.

Vu, pour légalisation de la signature de M. Denis de Senneville, sous-préfet de Soissons.

Laon, le 17 avril 1820.

Pour le préfet en tournée, le conseiller de préfecture,

Signé DEBATZ.

DISCOURS
EN L'HONNEUR
DE
JEAN-ETIENNE-MARIE PORTALIS
MINISTRE DES CULTES

PRONONCÉ PAR ORDRE DU DIRECTOIRE
DE LA
CONFESSION D'AUGSBOURG A STRASBOURG
le 20 Septembre 1807 au Temple Neuf de cette ville
EN PRESENCE
DES AUTORITÉS CIVILES ET MILITAIRES,

PAR

JEAN LAURENT BLESSIG
PROF. EN THÉOLOGIE,
INSPECTEUR ECCLÉSIASTIQUE-MEMBRE DU DIRECTOIRE.

TRADUIT DE L'ALLEMAND.

SUIVI D'UNE NOTICE BIOGRAPHIQUE.

A STRASBOURG,
Imprimé par J. H. Heitz, Imprimeur du Directoire et de l'Académie.
Se trouve chez AMAND KOENIG, Libraire.

CHRÊTIENS ! MES FRÈRES !

SANS doute, il n'est point d'état, même dans les dégrés les plus inférieurs de la société, où, en remplissant avec intégrité les devoirs qui y sont attachés, on n'ait droit à notre estime et à nos éloges. Le père de famille, dont les soins se perdent dans l'obscurité d'un ménage retréci, l'habitant honnête et laborieux d'une cabane est une apparition bienfaisante dans le cercle qui lui est tracé ; et lorsqu'il quitte la scène du monde, les larmes de ceux, dont il fut l'ami et le conseil, arrosent à juste titre sa tombe humble et modeste.

Mais, qu'il est différent, ce douloureux élan de nos profonds et vifs regrets, lorsque la mort nous enlève un homme éminent, sur lequel la Providence avoit versé, d'une main libérale les talens les plus rares, les facultés les plus brillantes, les dons d'une intelligence si visiblement supérieure à la mesure commune.

Notre admiration croit à son aspect, et la douleur de l'avoir perdu, augmente, lorsque nous contemplons la station élevée, où, placé par un bienfait de la Providence, il put exécuter de vastes plans, frayer de nouvelles routes à ses contemporains, et développer dans tout leur éclat toutes les ressources de son gênie.

C'est alors, que nous nous écrions dans l'amertume de nos cœurs : cet homme, qui vient de nous être enlevé, cet homme, si favorisé du ciel, fut l'ornement de son siècle; planant d'un vol audacieux au-dessus du vulgaire, il fut un phare pour sa nation. Son regard pénétrant embrassa l'enchaînement des causes et de leurs effets, il saisit ces rapports éloignés, que l'œil du commun des hommes ou ne demêle jamais, ou n'apperçoit que foiblement à travers un voile épais. La vie d'un tel homme renferme, pour ainsi dire, celle de milliers d'autres, comme autant de rayons, qui de leurs feux épars, viennent alimenter un foyer concentré, d'où jaillit une flamme brillante et majestueuse.

Mais lorsqu'à l'éclat d'un esprit supérieur, cet homme joint encore les doux attraits d'une vertu éprouvée ; lors qu'à travers cet espace circonscrit du temps et de la plage terrestre, il dirige sa pensée vers une vie future, qui seule garantit la pleine moisson des semailles faites dans les champs du devoir et de la vérité, lorsqu'en se dévouant au service et au bien être des hommes, ce ne sont pas leurs frivoles acclamations, ni leurs injustes clameurs, qui le dirigent, mais uniquement l'œil du souverain arbitre, et cette sevère balance, qui suspendue du haut des cieux, pèse, plus encore que les actions mêmes, l'intention secrète, qui les enfante — alors, chers auditeurs! l'humanité reconnoissante et la piété en deuil se penchant sur les cendres de cet ami de son Dieu et des hommes, et son urne funéraire devient l'objet de la douleur et de la vénération publique.

Tel fut l'homme, dont nos frères en J. C. ont honoré la mémoire, il y a huit jours, dans l'auguste Basilique de la Cathédrale. Animés d'une égale reconnoissance pour les bienfaits, dont nous avons joui en commun, nous nous réunissons aujourd'hui dans ce temple, consacré à notre dévotion, pour célébrer un si cher et si intéressant souvenir.

Le trône et la capitale nous présentent à tous un grand exemple à suivre. Oui, M. Fr., rendons honneur au grand Citoyen, qu'après son décès le Monarque a si honorablement distingué ; dont la dépouille mortelle repose, couverte des bénédictions et des larmes du peuple, comme des grands, parmi les tombes augustes de ceux, qui ont bien mérité de la patrie.

Que devant nous se présente, environnée de l'imposant cortège de ses vertus, l'image vénérable de JEAN - ETIENNE - MARIE PORTALIS, Ministre des Cultes, grand Aigle de la Légion d'honneur, Membre de l'Institut des Sciences; né en 1746, décédé le 25 Août 1807.

Les grands intérêts de la religion furent l'objet de son ministère. Que de si importantes fonctions rappellent en nous l'esprit, qui doit animer nos regrets ; l'esprit de la religion, par lequel nos cœurs s'élevent vers la source adorable de toute perfection.

O Toi, Créateur et Bienfaiteur de l'univers ! Toi, qui répands les lumières et le bonheur sur tous ces mondes d'intelligences, douées par toi de la sublime faculté, de te connoître, d'adorer tes perfections, et de s'élever à ta ressemblance! Dieu de bonté et d'amour, vers lequel se dirigent tous les cultes et les confessions de tous les peuples! accordes-moi ta sainte lumière, épures et échauffes mon cœur, pour que je parle dignement d'un de tes serviteurs, et qu'en développant les qualités, qui l'honorent, mon regard se fixe toujours sur toi, d'où émane, et où rentre tout ce qui est grand et sublime. Penètres, o mon Dieu, toute cette assemblée de la sainte résolution, de se consacrer au bien des hommes, en union avec toi, à l'exemple du Sage, que nous regrettons. Puisse mon exhortation fraternelle, produire en eux ces mouvemens généreux, et ce même enthousiasme, dont jadis dans ce même temple furent enflammés les vaillans guerriers, qui aiguisèrent leurs glaives sur le tombeau de MAURICE (*), et, qui dans un sublime recueillement s'engagèrent à se dévouer, comme lui, au salut de la patrie; que, de même tous mes

---

*) Le Maréchal de Saxe.

auditeurs soient embrasés de la passion du bien public, à l'exemple de l'homme, que je présente à leur admiration! et qu'ainsi PORTALIS continue, même au-de-là des bornes de cette vie, à exercer sur les François sa bienfaisante et salutaire influence.

Ecoutez M. Fr.! le texte, qui servira de fil à mon discours. Il est puisé dans le livre de Job, chap. IV. verset 3 et 4.

Tu instruisis ton peuple. Tu renforças les mains défaillantes. Tes discours relevèrent ceux, qui ehanceloient, et tu soutins les genoux ployans.

CHRÉTIENS!

„Tu instruisis ton peuple!“ — Oui, mes frères, c'est l'hommage que les contemporains reconnaissans adresseront à PORTALIS, pour honorer ses brillans talens, son cœur généreux, son activité sans relâche, sa probité au-dessus de toute épreuve. „Tu instruisis ton peuple!“ PORTALIS l'a instruit comme orateur; „tu renforças les mains défaillantes.“ Il les a renforcées comme défenseur de la vérité méconnue, de l'infortune et de l'innocence opprimée. „Tes discours relevèrent ceux qui chanceloient." Il les releva non-seulement en inspirant du courage à tout ce qui l'entouroit, mais encore en contribuant puissamment à raffermir les bases du pacte social, et à rétablir les loix de la religion et de l'état. Combien de genoux ployans ne furent pas relevés par l'effet de tous ces soins généreux et réunis!

Comme orateur PORTALIS instruisit son peuple.

Mais l'éloquence ne tend-elle pas plûtot à émouvoir qu'à instruire? Sans doute le démagogue ne veut qu'entraîner, captiver et surprendre la persuasion, de même que l'homme disert ne veut que plaire par l'art de l'élocution, et place toute son ambition dans les applaudissemens qu'il s'efforce d'obtenir par les graces de la diction. Le véritable orateur qui se pénètre de toute l'importance de sa vocation, vise à un plus noble but. Lui aussi sait lancer des traits de feu, et enlever les suffrages par les charmes d'un stile brillant et pur, mais ce ne sont-là à ses yeux que des moyens secondaires et subordonnés. La victoire qu'il recherche est bien plus digne d'envie : ce qu'il veut opérer c'est une conviction solide et inébranlable, qui éclaire par la conséquence rigoureuse des preuves, qui dompte par l'enchaînement du raisonnement, qui subjugue toutes les facultés de l'ame, qui s'empare de ses penchans, les entraine et les concentre dans un point et un foyer unique, pour imprimer à ses auditeurs la même direction, les mêmes espérances, les mêmes craintes dont lui-même est animé, embrasé. Voilà le sceau et le triomphe de la véritable éloquence. — L'homme qui en a reçu le don d'en haut, est le conquérant le plus puissant. Rien de plus volontaire, rien de plus durable que ses succès : ils ont leur fondement dans les loix immuables qui dirigent notre manière de penser et de sentir, et dans la nature éternelle des choses. Ceux-là même sur lesquels l'orateur exerce sa domination y applaudissent de concert et lui payent avec joie un tribut de reconnoissance. Toutes les mains se tendent vers lui; elles portent sans répugnance les chaînes du héros pacifique, et le vaincu éprouve la même jouissance que le vainqueur ; ils s'embrassent sur l'arene. Et si quelqu'adversaire hésite encore à se rendre, l'orateur, dont la grande ame est inépuisable en moyens, en déploye de plus puissans encore; il range en front ses réserves, il pénétre encore plus avant dans la matière, il l'embrasse sous tous les aspects: il ferme à son adversaire toutes les avenues: il prévoit et terrasse tout ce qui s'oppose à son passage, jusqu'à ce qu'enfin après une lutte opiniâtre, cédant à la valeur irrésistible d'un antagoniste plein d'amour comme de talens, l'homme qui long-temps lutta contre lui, avoue sa défaite et lui présente la palme.

Telle est la marche triomphante de cet art divin, de cette éloquence, qu'on nomme si souvent, qu'on connoit si peu et que l'on rencontre si rarement. Elle se nourrit du suc de toutes les sciences utiles, elle est la fleur printanière de la sagesse elle-même. Elle préside aux interêts les plus essentiels de l'homme: elle le dirige, le soutient et le console dans les événemens les plus importans, les plus désatreux de la vie. c'est le seul art, qui mette en mouvement tous les ressorts de la nature humaine : raisonnement, sentiment, imagination, ce qu'il y a de plus sensible et de plus abstrait; l'interêt présent et les espaces immenses de l'avenir; tout orne son char, tout fléchit sous son empire.

Telle fut la haute idée que nous transmirent de l'éloquence les grands hommes de l'antiquité, qui la cultivoient; ils la regardèrent avec raison comme la source, où devoient également puiser et l'homme d'état et le philosophe pratique. C'est sous ce même point de vue que l'envisagèrent dans les temps plus modernes, les ornemens de l'ordre judiciaire français, les de l'Hôpital, les Le Tellier, Seguier, Lamoignon, d'Agnesseau : ils s'imposèrent tous les mêmes obligations dans l'éloquence du barreau qu'ils ont tant illustrée. Quelles devoient être en effet les connoissances variées, et les ressources inépuisables de ces hommes étonnans qui, lorsque les interêts de l'état ou ceux de leurs cliens l'exigeoient, savoient porter le même flambeau de l'analyse et la même fécondité de vues dans des causes tenant à l'agriculture, à la navigation, au produit des mines, et au commerce des deux mondes, comme aux droits de succession et aux matières de la tutèle.

Portalis marcha constamment sur ces traces

honorables, la gloire accompagna ses premiers pas. Elle lui fut toujours fidèle. Successivement Avocat au Parlement, député aux Etats de Provence, membre du Corps législatif, membre de l'Institut de France, chargé pour un certain temps du portefeuille du ministère de l'Intérieur, enfin appellé par un Monarque qui sait distinguer et apprécier le vrai mérite, au Conseil suprême de l'Etat et à l'important ministère des Cultes: dans toutes ces fonctions il fut toujours également admiré. Ses plaidoyers et ses discours publics, ses discussions académiques et les profonds rapports sur des objets d'économie politique: ses recherches sur l'esprit et l'ensemble des institutions sociales, ses projets de loi, ses proclamations, servant à fixer l'application de la loi, ses lettres circulaires remplies de grandes vues, et respirant la bienveillance envers tous ceux auxquels il parlait au nom du gouvernement — tous ses écrits, tous ses discours portoient la forte empreinte, de cette supériorité qu'il devoit en partie à son grand talent de la parole. Il possédoit ce talent à un si rare degré, qu'il pouvoit s'exprimer d'abondance et d'une manière lumineuse des heures entières, sur les objets les plus variés, sans hésitation, sans préparation, sans l'aide d'aucune note écrite. Il développoit son objet par cet enchaînement sévère des idées qui caractérise l'homme accoûtumé à la méditation, et en même temps avec cette facilité et cette justesse d'élocution qui font éclater toute la richesse, le génie et les beautés de la langue. Oui, il instruisit son peuple par une masse de pensées toujours mûries, présentant toujours un ensemble étroitement lié, toujours soutenues par cette mémoire qui rend avec fidélité les objets, lorsqu'ils sont combinés à l'aide d'une heureuse association d'idées. C'est ainsi qu'il présentoit toujours une ligne redoutable qu'aucun adversaire ne parvenoit à rompre, et qu'en même temps il conduisoit son sujet avec cette noble assurance qui enchante l'auditeur, parcequ'elle annonce un homme supérieur, qui loin de se traîner péniblement dans une carrière étrangère à ses connoissances, plane toujours avec l'éssor d'un aigle au-dessus de son sujet.

Ces qualités rares ne le quittèrent point, lors même qu'au déclin de ses jours il fut affligé par la diminution de la vue. La propriété inaltérable du sage repose dans le sanctuaire de son intérieur. Riche d'un trésor qui s'augmenta toujours à mesure qu'il s'avançait dans la carrière, l'esprit de PORTALIS fut au-dessus des atteintes de ses organes, et son ame ne connut jamais la vieillesse.

Oui, homme précieux, homme éminent et rare ! au pied du sarcophage, élevé dans ce temple pour honorer ta mémoire, je t'adresserai de concert avec tous mes auditeurs, les paroles de mon texte : „tu instruisis ton peuple!"

„Tu renforças les mains défaillantes.“ A qui saurait-on mieux appliquer cette parole de mon texte, qu'à PORTALIS, le défenseur de la vérité méconnue, de l'infortune et de l'innocence opprimée. Sa belle ame ne connut point cette adresse de dénaturer tous les faits, et de donner le change aux inspirations de la droite raison, cet art funeste de ne produire que des sophismes captieux par une connoissance approfondie de la dissimulation et de la fausseté, qui à force de pervertir, fait de la vérité le jouet des passions et d'un vil égoïsme. Ces hommes qui font de leurs paroles un trafic si abject, ne connoissent qu'un seul bien : c'est le sordide intérêt qu'ils retirent de la fange de leurs artifices mercenaires. Non, se disoit PORTALIS, mon ame ne sera point du conseil de ces profanes. Il étoit le défenseur de la vérité méconnue. Parmi les faits nombreux qui attestent ce beau ministère, il en est un dont nulle part ailleurs il ne saurait être fait mention avec un sentiment plus reconnoissant que dans un temple protestant. Chers auditeurs! il n'y a guères plus de vingt ans que nos frères, qui professent le culte réformé dans l'intérieur de la France, étoient à la vérité regardés comme habitans du pays, mais sans y jouïr des droits les plus essentiels du citoyen : ils étoient mariés sans que la loi leur accordât les droits d'époux : ils se voyoient bénis d'enfans, sans que ces enfans pussent réclamer l'héritage des auteurs de leurs jours. La France contenoit deux millions de protestans, et la fiction de la loi prononçoit, qu'il n'y avoit point de protestans en France. Oui, s'écria PORTALIS, en plaidant la cause d'une de ces victimes de faux calcule, oui il y a bien certainement en France des protestans, et il existe des droits de l'homme, des droits de citoyen, des droits de

frère

frères : droits imprescriptibles, que l'honneur de la nation, la raison et la religion réclament impérieusement. O PORTALIS, et vous, mânes des hommes courageux ! qui aux mêmes époques avez élevé avec vigueur vos voix dans les cours de justice françaises, SERVAN, TRONCHET, et toi, illustre MALESHERBES ! dont la belle ame sympathisoit plus intimément avec celle de PORTALIS, mais dont les derniers jours furent moins calmes que ceux de ton ami ! Vous tous vaillans défenseurs, non d'une tolérance précaire, mais de l'immuable et éternelle justice, qui à votre voix fut solemnellement rendue aux protestans de la France ! Puissent votre mâle courage et le généreux esprit public qui vous anima, trouver leur récompense dans l'accomplissement d'un vœu, que nous formons tous ici de concert, d'entendre proclamer bientôt la parité civile de toutes les confessions religieuses en Europe, et le respect mutuel pour le sanctuaire de la conscience. Les protestans de France attendent avec impatience le moment où ces généreuses maximes pénètreront enfin dans cette île, notre voisine, trop longtemps notre rivale et notre ennemie, pour que d'accord avec elle-même dans le haut prix qu'elle met à la liberté de penser, elle prête l'oreille aux vœux que ses ministres et ses représentans les plus distingués ont fait retentir naguères encore dans le Sénat de la nation, en faveur des catholiques d'Irlande, dont le sort intéresse toutes les ames honnêtes de notre hémisphère. Puisse donc enfin une nation, rangée dans les premières lignes des Européens être inaccessible aux prestiges du faux honneur, aux inspirations de l'égoïsme, aux fantômes d'une vaine terreur, écouter ses propres sages, et la voix incorruptible de son propre cœur. Ah, n'est-ce-pas en même temps le sublime précepte qui du haut des Cieux s'adresse à nous tous dans ces saints évangiles, que nous vénérons tous comme l'auguste sanction des droits et des devoirs les plus sacrés qui puissent exister pour des mortels !

Votre prédicateur, mes chers Frères, ne peut rien pour hâter ce fortuné moment : mais profondément pénétré de son saint ministère, qui est tout amour et concorde, il ne cessera de répéter ce vœu dans le paisible cercle de ses ouailles ; il élevera sa voix tant qu'un souffle de vie l'animera; et jusqu'à son dernier moment il dira à tout ce qui l'entoure, la parole de notre divin maître : „c'est à la charité qui régnera parmi vous, que l'on reconnoîtra que vous êtes mes disciples."

Qu'il m'est doux de pouvoir dire sur la tombe de PORTALIS, de ce héraut de la justice et de la clémence de Dieu : Oui, tu renforças les mains défaillantes, tu fus auprès de tes compatriotes l'intrépide avocat de la vérité méconnue. Tu ne fus pas moins le consolateur du malheureux, et le soutien de l'innocence opprimée. Oui, mes Frères, il le fut. En voulez-vous une preuve d'un genre aussi relevé que celle que je viens de vous developper ? La voici : un navire anglais, qui n'avoit point une destination hostile contre la France, est battu par la tempête, et se brise sur nos côtes. Parmi l'équipage du vaisseau fait prisonnier de guerre, se trouvent près de cent émigrés : le Conseil de guerre est partagé dans sa sentence ; des voix s'élèvent pour la peine de mort. On demande des instructions au Gouvernement, et PORTALIS, rapporteur au Conseil des Anciens, prononça l'opinion suivante : „Ils sont malheureux ces Emigrés : leur fuite volontaire est répréhensible ; mais ils ne sont nullement coupables de crime emportant peine capitale. Ces prisonniers se sont dérobés au service de la patrie, mais il est prouvé, qu'ils ne vouloient pas combattre contr'elle : ils n'appellent pas notre vengeance, mais bien notre pitié. N'avons-nous pas assez de toutes les plaies que nos dissensions nous ont causées ? Nous ne pouvons accueillir ces enfans dénaturés, mais nous devons de l'indulgence à l'ennemi sans défense, et des égards au malheur. Ces naufragés sont des étrangers pour nous : qu'on les débarque sur les côtes d'un peuple étranger qui ne soit pas en guerre avec nous." Cet avis fut adopté, et ce fut à Toi, généreux PORTALIS ! législateur fidèle à la fois aux intérêts de ton pays et aux sentimens de l'humanité, que ces malheureux furent redevables d'avoir échappé à une mort ignominieuse. Oui, tu as renforcé des mains défaillantes, comme défenseur du malheur et de l'innocence !

„Tes discours ont relevéles chancelans !"; PORTALIS, en coopérant à la réorganisation de l'Etat politique ébranlé, par son concours immortel à la rédaction des tables de la loi civile et religieuse assura à des milliers de citoyens la jouissance de leurs droits, et contribua puissamment à donner de l'unité, de la force et de la vigueur à tous les points de notre vaste Empire. Sans lois, mes Frères! il peut bien y avoir des hordes toujours prêtes à s'entre-déchirer, et à se dissoudre, mais il n'existe ni état social, ni constitution civile. Hélas! nous étions arrivés bien près de cette affreuse position. Chacun parloit de ses droits, mais l'obéissance étoit proscrite, cependant toute notion de droit nous ramène à celle d'un devoir, et c'est dans nos obligations mêmes que se trouvent aussi nos vraies jouissances. Ah! vous vous rappellez tous encore combien les désordres affreux de l'anarchie nous avoient fait sentir la nécessité d'un code solemnel, qui garantit avec sagesse au citoyen une liberté constitutionelle, qui donnat un plein essor à l'activité honorable et utile, qui assurat l'inviolabilité de la propriété, le maintien des conventions et le respect pour toutes les rélations sociales. Un corps de bonnes loix forme la vraie sauvegarde du citoyen paisible; il le protége contre l'homme turbulent, et le garantit seul des attentats du méchant. A tous ces titres le code NAPOLÉON, si justement appellé, puisqu'il renferme tant de vuës et de dispositions, émanées du génie du Prince-Législateur, sera pour la postérité la plus reculée un des plus grands bienfaits de notre auguste Monarque ; et c'est à ce monument impérissable que s'attache la gloire de PORTALIS, qui concourut efficacement à le consolider. Dès long-temps ses talens et ses lumières lui en assuroient le succès. Ici je prie les hommes de lettres, qui m'écoutent, de le suivre dans le sanctuaire de ses travaux solitaires. Ils le verront s'occuper de l'étude profonde de la philosophie, de l'histoire, de l'antiquité, des sciences morales et politiques, et par l'ensemble de toutes ces connoissances, disposer son esprit à la méditation féconde, et à tous les développemens de la jurisprudence. Il avoit de cette science l'idée sublime qu'en conçut le plus grand orateur de l'ancienne Rome. „Aucune, dit Cicéron, n'est plus fertile ; la science des Loix dirige tous les fils de la vie sociale ; aucune n'est plus intéressante ; elle se compose de la connoissance des mœurs de nos ancêtres, et des pensées les plus exquises des hommes, qui ont le plus mérité nos hommages : aucune n'est plus utile au citoyen; il y trouve la source de la prospérité publique et de la tranquillité de chaque membre de l'état : aucune enfin n'est aussi sacrée ; car elle est le sceau qu'une grande nation imprime à la loi éternelle de la morale.“

Telle fut, mes Frères, l'idée que PORTALIS se forma de la science des loix. C'est en ce sens qu'il s'exprima à différentes époques, même encore au déclin de ses jours, lors de l'inauguration de l'Académie de jurisprudence, et en tant d'autres occasions solemnelles. Aussi le suffrage unanime de tous les Jurisconsultes l'appella-t-il à la construction de l'immortel édifice du droit françois. Ses travaux en législation se distinguèrent autant par la libéralité et la fécondité des idées, que par la clarté et l'élégance de la diction. Oui, „ ses discours ont relevé les chancelans" : ils ont affermi l'état par la manière lumineuse et énergique, dont il concourut à la confection des nouvelles loix civiles.

Mais il est encore un autre tribunal, qui, d'après l'expression sublime de NAPOLÉON, est bien au-dessus de la puissance passagère des hommes : c'est celui de la conscience, dont les arrêts sont irrévocables. Par la conscience nous appartenons à l'empire éternel, et sur cette base immuable est assise la religion. Le mot de religion renferme donc essentiellement l'idée sacrée de liberté : et chacun est appellé à en jouïr. Jouïs de ton droit, mais ne trouble par celui d'autrui. Pour assurer tes titres à la cité céleste, commence par remplir tes devoirs comme citoyen de l'état, auquel tu appartiens; sers Dieu en suivant la conviction de ton ame, et ton pays, en observant ses loix. Tels sont les principes du code religieux de NAPOLÉON. Pour proclamer les maximes de sa sagesse, il choisit le ministre même, que nous regrettons. Au nom de son Souverain, PORTALIS représenta à toutes les églises, aux hommes de tous les cultes, ces bienfaisantes maximes qui le dirigèrent constamment dans ses grandes fonctions de gardien et des droits et des obligations des sociétés religieuses. Mes Frères, l'existence même d'un pareil ministère dans un état, est un éloge pour le Monarque qui l'institua, et un hommage rendu au génie du Christianisme. Le Prince en l'instituant, déclare par là-même, qu'il ne veut point commander à la pensée, ni favoriser une branche de la grande famille plus qu'une autre, ni enfin forcer l'adhésion à son propre rit. Sa religion personnelle se manifeste essentiellement par le respect qu'il porte à celle des autres, quelle que soit la forme de leurs symboles. Ce sont ces maximes qui forment le code de la sureté morale, la grande charte de la liberté de l'esprit humain, si j'ose ainsi m'exprimer, dont le Ministre des Cultes doit maintenir l'inviolabilité. Chez les nations anciennes l'administration des objets du Culte n'étoit autre chose que le secret d'état employé avec ruse par la froide indifférence ou l'incrédulité dédaigneuse, pour atteindre un but politique, en mettant en jeu les préjugés du vulgaire. Cette surintendance des sacrifices et des auspices, calculoit par des ordonnances sanctionnées avec pompe, le degré et la somme des lumières permises, et mettoit le citoyen dans la triste alternative d'être infidèle à l'état ou à sa raison. L'esprit de l'Evangile est au contraire la lumière, la franchise, la recherche et la pratique de la vérité. Il ordonne et favorise un acheminement continuel vers la perfection de notre être : il exige par conséquent que notre esprit fasse toujours des progrès vers tout ce qui peut l'éclairer, et que notre cœur brule d'un amour vivifiant pour tous nos semblables, appellés comme nous à tendre vers ce grand but de la perfection.

Quelle est donc la vocation d'un Ministre des Cultes parmi des nations chrétiennes ? C'est, si j'ose encore ainsi m'exprimer, de dérouler cette mémorable Carte où se trouve la route particulière, que chaque association religieuse s'est tracée elle-méme dans sa course temporaire vers l'éternité. Je lis au haut de cette Carte l'inscription rassurante : Protection à tous les Cultes, faveur égale pour tous ! Ah ! mes Frères, avec quelle émotion j'adresse en face de la France entière de solemnelles actions de graces à la Providence de ce qu'elle a voulu qu'il existât dans notre Empire un ministère des Cultes, et que PORTALIS fût appellé à ce poste éminent. Comme l'œil pénétrant du Monarque arrêta sur lui son choix, de même il s'environna des hommes du mérite le plus reconnu, qui par une activité infatiguable, et une bienveillance encourageante furent les compagnons de sa gloire, et qui sont aujourd'hui les héritiers de la reconnoissance nationale. A cette jouissance si douce pour PORTALIS s'en joignit une autre plus douce encore. Il trouva dans son fils même, dont les qualités furent accueillies et recompensées par NAPOLÉON, un aide qui sut saisir et développer ses grands et généreux projets. Son fils, après avoir partagé sa fuite et son infortune, trouva la recompense de sa piété comme celle de ses lumières, dans une place qui d'une manière si attendrissante comblait les vœux du père. Avec de tels collaborateurs, PORTALIS ouvrit à la France au milieu des ruines qui l'entouroient, une carrière nouvelle et consolante. Ah! vous l'avouerez, mes Frères! PORTALIS, „a fortifié les genoux chancelans." Oui, il les a fortifiés, s'écrie d'un concert unanime et touchant ce grand nombre de dignes pasteurs, qui après avoir lutté contre les horreurs de la détresse, de l'ignominie, de la captivité et de l'exil, furent enfin arrachés à leurs fers, rappellés du bannissement, rendus à leurs ouailles et rétablis dans leur saint ministère. PORTALIS a fortifié les genoux chancelans, s'écrient encore en versant des larmes de reconnoissance du fond des temples rouverts, au pied des autels relevés, tant de milliers d'adorateurs de Dieu et du Christ. Quelle branche de l'administration politique étoit plus délicate à traîter, sur-tout dans les commencemens de son institution, que celle des Cultes? plus propre à irriter les passions, à exciter des affections haineuses? plus capable de réveiller les soupçons de la partialité et de provoquer l'amertume de la censure, soit en accordant, soit en refusant? Ne sont-ce pas, mes Frères, ces difficultés même, qui augmentent notre admiration et nos regrets pour l'homme qui a su les surmonter? N'est-ce-pas son triomphe que nous célébrons par nos larmes? Voyez comme toutes les confessions religieuses quelque soit la diversité de leurs dogmes, se réunissent et se confondent dans un même sentiment de douleur et de vénération pour un Ministre, qui n'est plus. Toutes d'un commun accord et avec la même effusion de cœur rendent hommage à la mémoire de cet illustre fonctionnaire, qui toujours inaccessible à cette fausse piété, sanctifiant l'injustice même, pesa toutes ses décisions avec la même balance, sans jamais écouter une prédilection repréhensible. Cet hommage que je me plais à rendre à sa justice, vous le lui rendrez également, Vous vénérable Prélat et premier Pasteur de nos concitoyens de la confession romaine! Vous respectable Président de notre consistoire général, à qui PORTALIS témoigna constamment une considération si distinguée! Vous, mes Collègues du Directoire protestant! Vous, dignes Pasteurs et anciens de cette confession helvétique, qui par l'affinité des principes et des esprits, entretient avec nous, et cimente pour toujours l'alliance la plus fraternelle et la plus intime. Un deuil général nous réunit tous: nous arrosons tous de nos pleurs la tombe de l'homme qui a si bien mérité de tous! Oui, d'un même élan du cœur et d'une voix commune nous nous écrions tous: PORTALIS fut notre conseil, notre refuge et notre appui! „ Oui, tu instruisis ton peuple, tu renforças les mains défaillantes: tes discours relevèrent ceux qui chanceloient, et tu soutins les genoux ployans!“

Mais, mes Frères! si nous sommes frappés de la vérité de ces paroles, en considérant les lumières et les talens de cet homme immortel, et sur-tout l'usage bienfaisant qu'il en fit pour la France, nous ne devons pas sentir moins vivement la juste application du tableau entier de mon texte à PORTALIS. L'exemple encourageant de sa constante probité a renforcé bien des mains défaillantes ; ses discours, auxquels ses actions imprimoient une force si puissante, ont empêché des milliers d'hommes de céder à la corruption du temps. Ah ! qu'il est rare de rencontrer des hommes dont on puisse faire un éloge complet en les peignant sous toutes les faces. Souvent une de ces faces reste entourée de nuages, et l'on a soin de le couvrir du voile officieux du silence.

En faisant l'éloge de PORTALIS, il m'est permis de tout dire, je puis porter mes regards sur sa vie entière ; et il m'est bien doux d'honorer la vérité, en célébrant les vertus comme le génie d'un homme, qui vécut au milieu des grandeurs. PORTALIS fut sous tous les rapports un homme juste, il fut pieux ; mais sa piété fut aussi éloignée d'un zèle impatient, que de cette sécheresse de l'ame, qu'on décore souvent du beau nom de calme et de modération.

Elle ne lui inspira ni anxiété ni emportement. Son ame fut profondément pénétrée des vérités et des consolations sublimes de la religion : mais il ne dépensa pas en dévotions stériles, ni en vaines ostentations ce riche fond de vertus que le christianisme fait éclore, et qui s'annoncent par de bonnes œuvres sans cesse renaissantes. Il fut toujours animé par cette force vive que donne le christianisme, pour agir, pour vaincre les obstacles, et répandre partout de grands et de salutaires effets. Il montra aussi cet autre caractère d'un esprit vraiment religieux, de n'avoir pas une piété éphémère. Il ne ressembla pas à ces hommes qui dans l'effervescence d'un heureux moment manifestent les plus louables desseins et forment les plus généreuses résolutions, qu'un instant fait naître, et qu'un autre voit mourir ; il avoit l'énergie d'une volonté pure, qui constitue seule la maturité du cœur, et alimente sans cesse le feu sacré de la véritable piété. C'est cette piété qui soutenoit, qui vivifioit l'homme illustre qu'ombrage actuellement la palme céleste.

Portalis exerça le ministère des Cultes avec une ame toute pénétrée de la grandeur de son objet. Il osa s'écarter de la marche que suit un grand nombre de ceux qui veillent avec sévérité sur le dogme et sur la plus exacte observation de tout ce qui le concerne. Ces hommes attachent-ils toujours un grand prix à la valeur réelle de ces institutions ? Non, ils sont sévères et inexorables par une fausse idée de convenance. PORTALIS au contraire s'identifia par son cœur avec son importante vocation. Il nous a donné, à nous tous, mes chers collaborateurs dans le ministère sacré de la religion, un grand exemple à suivre : que le cœur accompagne toujours les discussions de l'esprit, et que l'exemple de notre vie entière proclame les grandes et salutaires vérités, dont nous sommes appellés à être les organes et les modèles !

Je présenterai le grand exemple de PORTALIS à Vous aussi, respectables Magistrats, qui siégez dans le sanctuaire de la justice ! n'êtes-vous pas tous pénétrés de cette vérité, que les loix éternelles de la justice divine ne peuvent se séparer des arrêts du droit positif ? que ce seroit ôter à l'édifice que vous êtes appellés à maintenir le plus solide fondement ? Et vous tous, mes auditeurs, vous tous appellés aux

demeures

demeures éternelles! ne perdez pas de vue dans ce passage court et rapide le but impérissable de votre existence! Que l'exemple de PORTALIS vous fasse apprécier les jouïssances pures et permanentes de l'ami de la vertu, qui aimable dans son commerce intérieur, tranquille dans tous les événemens, et rassuré à l'approche des infirmités, se prépare à une vie à venir, par un zèle constant à ressembler de plus en plus au Dieu qu'il adore et à devenir chaque jour plus utile à ses frères qu'il chérit. Cet homme prononcera le mot de tolérance avec une tendre affection à laquelle l'orgueilleuse compassion n'a point de part. En accordant à autrui ce qu'il reclame pour lui-même, le droit de rechercher librement ce qui importe à sa tranquillité, et de former son opinion sur son propre jugement, il ne croit pas exercer un acte de clémence, mais un devoir rigoureux de justice. Il ne se regarde comme vraiment tolérant, que dans un seul cas : c'est envers les foiblesses humaines, qu'il supporte par un retour sur lui-même, et par le tendre amour qui l'anime pour la famille humaine. Il est tolérant par son cœur: il l'est, parce qu'il est modeste et que toujours il a les yeux ouverts sur cette divinité clémente et miséricordieuse.

Ah mes Frères, heureux l'homme juste dont les jours s'écoulent paisiblement comme une onde! La dignité et la paix de l'ame ne l'abandonneront jamais; en sa présence comme autrefois en celle de CATON, comme en celle de l'Hôpital, de Sully, le vice corrupteur pâlit, et le rire dédaigneux de l'impiété n'ose se montrer. Malgré eux les hommes frivoles se sentent enchaînés par le respect et la pudeur. Lui même triomphe de l'envie, de l'adversité, de l'exil, et lorsque tout rentre pour nous dans les ombres, et que tout éclat terrestre se ternit, heureux l'homme qui, se dégageant de ses organes comme de la pompe funèbre, sent au dedans de lui la garantie d'une existence future! Le souvenir du bien survit: l'homme de bien survivra lui-même. „Il porte en lui le germe d'une vie éternelle", dit Jesus-Christ. „Quiconque fait la volonté de Dieu reste heureux", dit St. Jean.

C'est cette perspective consolante qui soutint PORTALIS, lorsqu'il ferma les yeux à la lumière terrestre: le dernier élan de sa pensée saisit encore cette ancre sacrée de l'immortalité.

„ La mémoire du méchant disparoîtra, mais „ le nom du juste restera en bénédiction. “ (Prov. X. 7.) Oui, PORTALIS, ton nom restera en bénédiction parmi nous, il est lié à nos dévotions, à nos prières, à nos sentimens les plus chers. Ton exemple est un legs précieux pour tous les Français, pour tous les hommes. Il fortifiera, et le monde en a besoin, la croyance en Dieu, et dans la vertu humaine dont elle seule est le principe. Que des milliers de noms disparoissent ! le nom de PORTALIS restera à jamais parmi nous en bénédiction!

NOTICE BIOGRAPHIQUE

SUR

M.r PORTALIS.

Plinius Epist. L. I. Ep. 22.

Nihil Aristone gravius, sanctius, doctius : ut mihi non unus homo, sed litterae ipsae omnesque bonae artes, summum in uno homine periculum in hujus valetudine adire videantur : quam peritus ille et privati juris et publici ! quantum rerum, quantum exemplorum, quantum antiquitatis tenet !

Monsieur PORTALIS nâquit à Bausset, département du Var, en 1746. Jeune encore il débuta d'une manière brillante dans une des carrières les plus honorables de la société. Avocat à l'âge de vingt-deux ans au Parlement d'Aix, il obtint des succès si éclatans que sa réputation naissante obscurcit celle d'un grande nombre de ses confrères, et lui fit partager la gloire des plus célèbres d'entr'eux.

Des lauriers cueillis de si bonne heure ne ralentirent point son zèle. Portant dans le perfectionnement de ses talens la persévérance la plus infatigable, il suivit les préceptes du plus grand des orateurs de l'ancienne Grèce. „ Les bornes de la vie sont „ bien étroites, " dit Demosthène, „ et la mort surprend l'homme avec vitesse, soit qu'il vive dans „ la retraite, soit qu'il consacre son existence toute „ entière à ses Concitoyens. Les ames généreuses „ sont déstinées à aspirer à la gloire. Le courage „ et l'espoir du succès les accompagnent à travers „ la vie, quelles que soient les chances dont les „ Dieux l'ont parsémée. "

Bientôt les états de la Provence lui confièrent la défense de leurs intérêts et de leurs droits. Une partie des affaires que cette gestion embrassa, et sur-tout celles qui concernoient l'administration publique, étoient nouvelles pour lui. Mais la facilité et la profondeur de son esprit, jointes à l'attention qu'il porta dans l'art de s'instruire en questionnant et en écoutant, lui applanirent les obstacles qu'il dût rencontrer dans l'exercice de ses nouvelles fonctions. Le Parlement d'Aix lui donna également en 1788 une preuve bien éclatante de sa haute estime, en le chargeant de faire, en son nom, des réprésentations à la Cour.

Ce fut alors que se manifestèrent dans sa contrée natale, avec les symptomes les plus alarmans, les germes de cette fermentation générale des esprits, terrible avant-coureur des orages politiques qui devoient bientôt renverser avec la monarchie toutes les institutions qui lui avoient servi d'appui. Monsieur Portalis quitta la carrière publique, pour attendre dans la vie privée le terme de ces agitations qui ne lui permettoient plus de professer publiquement ses principes. Mais alors existoit-il une retraite qui échappât au regard des tyrans, dont le regne sanguinaire avoit couvert toute la France de deuil et de calamités? ni les chaumières, ni les antres des rochers, ni les lieux déserts n'étoient un asyle contre la vertu persécutée. Mr. Portalis fut arrêté, traîné de prison en prison. Le neuf Thermidor le rendit enfin à la liberté; et lorsqu'à la suite de cette mémorable journée, le mérite long temps méconnu et opprimé reprit dans la société le rang qui lui étoit dû, Mr. Portalis fut appelé par ses Concitoyens à siéger parmi les Législateurs de la nation. Les discours nombreux et intéressans qu'il tint dans l'assemblée, dont il étoit un des membres les plus distingués, attestent et l'étendue de ses connoissances, et l'activité de son esprit, et le noble élan d'un véritable amour pour sa patrie. Parmi ces discours on remarque sur-tout celui qu'il tint sur le divorce, dans lequel il combattit avec l'indignation de la vertu, cette licence effrenée des mœurs, qui, encouragée par des loix immorales, sembloit avoir placé l'union conjugale au nombre des viles spéculations de l'intérêt et de la volupté. Il y dépeint avec toute la force et la profondeur du sentiment, la dignité de la nature humaine et le bonheur qui résulte du mariage, lorsqu'il est fondé sur la vertu; il prouve que les plus chers intérêts des peuples, ceux qui se rattachent à l'éducation des générations naissantes, n'ont pour base certaine qu'une semblable union, sans laquelle le bonheur domestique, dont les jouissances contribuent tant à former les jeunes cœurs à la vertu, et à préparer à la société des membres utiles, n'existe point. Tout en ménageant les consciences, il sçut défendre les intérêts de l'ordre social, et prouver, en traçant avec exactitude la ligne de démarcation qui doit exister entre l'état et la religion, que s'il est pernicieux pour le bonheur de la societé de permettre le divorce avec facilité, il ne le seroit pas moins de le proscrire entièrement. Peu d'écrivains en général, ont sçu, comme Mr. Portalis, mettre dans une évidence aussi lumineuse le grand précepte de l'Evangile: „ *Donnez à César ce qui est à César, et à Dieu ce* „ *qui est à Dieu*; " Ses connoissances profondes en matière de législation, et sa piété si pure et si éclairée, le rendoient, plus que tout autre, capable de prononcer comme arbitre entre l'état et l'église. Il avoit déjà développé ces mêmes principes dans son plaidoyer énergique pour Madame la Comtesse de Mirabeau contre son mari. Ce fut dans cette même session du Conseil des anciens, qu'il prononça ce discours à jamais mémorable, dont je viens de faire mention. En voici un passage que l'ami de l'humanité ne lira pas sans attendrissement : „ La France „ doit être pour ces naufragés, non un sol dévo„ rant, mais une terre hospitalière. Les Émigrés „ sont des ennemis ! eh bien, dans le feu même „ de la guerre, n'est-on pas soumis à des loix, ga„ ranties par l'équité universelle ? Il faut faire en „ temps de paix le plus de bien, et en temps de „ guerre le moins de mal, qu'il est possible. On doit „ être humain dans les combats, généreux dans la „ victoire, et juste dans toutes les occurrences. Le „ malheur, a, je ne sais quoi de sacré, il com„ mande le respect, la douce commisséreration, que „ la Providence a gravée dans le cœur de l'homme, „ pour être la sauve-garde de l'espèce humaine." — Pendant qu'il se livroit à de si utiles et paisibles travaux, un nouvel orage s'éleva dans les assemblées des Réprésentans de la nation, et le mérite fut de nouveau persécuté. M. Portalis, forcé de quitter le sol de la France, chercha un asyle chez l'étranger. Il séjourna pendant quelque temps dans notre voisinage, aux eaux de Bade, où il trouva une réunion de Français exilés comme lui de leur patrie. Les propos indécens que plusieurs d'entr'eux se permirent quelquefois contre les objets les plus vénérables de la religion et de la morale publique, eurent toujours en lui un censeur sevère, qui les étonna, parce que Portalis joignoit à une conviction intime des principes religieux appuyés sur des raisonnemens qu'animoient la force du sentiment et les lumières de la raison, tous les avantages que donnent l'aménité sociale et les études les plus vastes et les plus solides. Il quitta Bade pour aller passer quelque temps dans une ville de la Souabe, dont nous estimons beaucoup les savans habitans, Tubingue. Combien de fois, du haut des montagnes qu'il habitoit, ses regards ne durent-ils pas se diriger par-dessus la chaîne des Alpes vers les rives de la méditerranée ! Cependant des contrées si proches des frontières de la France n'offroient plus de sureté. Alors il s'enfuit vers le nord, près de ce pays, qui dans ce moment, victime d'une aggression injuste, a sçu, même en succombant, inspirer aux peuples du continent un intérêt et une estime bien mérités.

Dans toutes ces contrées, ou se professe un Culte différent, Mr. Portalis, fuyant avec son fils digne héritier de l'esprit et du cœur de son père, trouva des hommes de bien et des amis sincères. Une expérience aussi consolante, soulage et agrandit l'ame, en lui donnant cette douce conviction, que réellement il n'existe qu'une seule église généralement dominante, composée, sur toute la surface du globe, de ces ames généreuses, qui constamment animées par l'amour du bien et celui de leurs semblables cherchent leur bonheur dans la pratique de la vertu. Honneur à tous ceux qui ne cachent point aux yeux du public leurs opinions religieuses, et ne composent jamais avec leur conscience. Que les dogmes de leur Culte leur soient chers, puisqu'ils sont autant de liens, qui attachent la pensée et le cœur plus fortement encore aux éternelles vérités de la religion ! C'est ainsi que Mr. PORTALIS eut occasion d'exercer pendant sa fuite ce coup-d'œil pénétrant, qui dans la suite le guida si bien et le rendit si glorieusement utile dans la direction des affaires ecclésiastiques de l'Empire.

Le terme de ces temps dépreuve devoit enfin arriver. NAPOLÉON reparoit en France; sa présence, comme celle du soleil, dissipa tous ces nuages, ramena la chaleur et la vie dans le corps social, dont les ennemis au-dedans et au-dehors sont aussi-tôt comprimés. Ce héros régénérateur, qui sait si bien assigner aux hommes la place qui leur est propre, plaça Mr. PORTALIS dans le Conseil d'état. Chacun sait avec quelle dignité Mr. PORTALIS dans cette carrière nouvelle répondit à la vocation importante d'être un des redacteurs de ce Code, que la reconnoissance nationale décore à si juste titre du nom de l'illustre Monarque, à la pensée et aux méditations duquel elle le doit. Les procès-verbaux du Conseil d'état, et la Collection des motifs des loix présentés au Corps législatif, contiennent de nombreux et d'intéressans monumens des talens de Mr. PORTALIS. On y admire la profondeur du savoir, l'ordre et la richesse des idées, la diction pure et noble qui distinguent tous ses discours, et l'admiration s'accroit encore lorsqu'on sait qu'ils furent en grande partie improvisés avec la plus étonnante facilité au sein des assemblées où ses discours furent prononcés.

Tant de qualités si supérieures engagèrent S. M. l'Empereur et Roi, à le nommer Son Ministre des Cultes. Ce choix honorable qui se trouvoit d'accord avec l'estime et la considération générales dont jouissoit Mr. PORTALIS dans toutes les parties de l'Empire, fut une bien noble récompense de ses travaux. Cependant une distinction aussi grande pouvoit aussi être méritée par un homme dans lequel on n'eut admiré que la force d'une tête bien organisée, et la vigueur d'un esprit transcendant.

Mais dans Mr. PORTALIS on admiroit des qualités encore plus précieuses. Ses concitoyens lui vouoient, ainsi que l'a si bien observé S. E. le Grand-Juge Ministre de la Justice dans le discours plein de force et d'onction, qu'il prononça devant le cortège funèbre de son Collègue, sous les voutes du Panthéon, ce respect et cette vénération, qui ne se payent qu'à l'homme doué de la bonté du cœur la plus parfaite, comme le tribut le plus volontaire et le plus honorable. A combien de titres ne sut-il pas mériter ce tribut que de tous côtés s'empressèrent à lui payer toutes les classes de citoyens, et tous les Cultes. Ses communications ministérielles, ses réponses, ses décisions étoient autant de leçons contre ce ton impératif et ces longues formules qui ne font sentir que le pouvoir de celui qui a le droit de commander. Concises et claires, elles ramenoient toujours aux grands principes qui les avoient dictées ; elles respiroient cette bienveillance qui se plait à reconnoître et à encourager le zèle, et cette sagesse des vuës qui entraîne avec elle la persuasion et l'obéissance.

C'est ainsi que ce vénérable homme d'état passoit ses jours dans l'activité et la sérénité qui étoient le besoin et l'ornement de son ame, lorsque de nouvelles souffrances vinrent l'accabler. Menacé du malheur le plus cruel que puisse éprouver un homme, pour qui l'habitude du travail étoit devenue celle de la vie, du malheur de perdre la vue, il se soumit à une opération douloureuse, et supporta avec calme et grandeur d'ame la plus dure des privations. Cette tranquillité intérieure et cette douce sérénité, partage de toutes les ames belles et pures, l'accompagnèrent jusque sur le lit de mort. Il fut enlevé à la société et à ses souffrances, le 25 août de cette année, et termina sa carrière terrestre embellie par la gloire et la bénédiction de ses Concitoyens, pour commencer celle de l'immortalité!

Ses funérailles ne se distinguèrent pas seulement par cette pompe lugubre et imposante, qui étoit due à son rang et à ses dignités, mais sur-tout par le deuil de tous les cœurs, et cette affluence d'une multitude vivement émue, qui attestoient quelle perte difficile à reparer venoient de faire en lui la Capitale et toute la France.

Plusieurs orateurs ont célébré dans le Corps legislatif la mémoire et les mérites de Mr. Portalis dans des discours dignes de leur sujet. Ce qu'en a dit Mr. le Conseiller d'état, Defermont, à la fin de son rapport, sur le projet de loi rélatif aux pensions à accorder aux veuves et aux enfans des grands fonctionnaires de l'état, est trop touchant pour ne pas être rapporté ici. „ Dans quelles circonstances, „ dit l'orateur, venons-nous présenter ce projet de „ loi ! Un ministre distingué par ses talens et ses „ vertus, plein d'amour pour S. M. l'Empereur et „ Roi, et entièrement dévoué à son service, nous „ a été enlevé par une mort inopinée. Sa fortune „ fut la seule chose dont ce ministre s'occupa le „ moins ; et à tous les exemples qu'il a laissés, se „ joint particulièrement celui d'une intégrité trop „ honorable pour ne pas mériter d'être recompen„ sée. Nous devons donc espérer que l'exemple „ donné par ce Ministre se renouvellera, et que la „ loi proposée sera un nouveau motif de marcher „ sur ses traces. "

www.ingramcontent.com/pod-product-compliance
Ingram Content Group UK Ltd.
Pitfield, Milton Keynes, MK11 3LW, UK
UKHW021628260726
13994UKWH00003B/1123

9 782329 108322